BEI GRIN MACHT SICH IHR
WISSEN BEZAHLT

Felix Grünewald

Das Waffenrecht in den USA

Eine Darstellung und Bewertung der Argumente der Waffenlobby sowie der aktuellen Situation

GRIN Verlag

Bibliografische Information der Deutschen Nationalbibliothek:

Die Deutsche Bibliothek verzeichnet diese Publikation in der Deutschen National-
bibliografie; detaillierte bibliografische Daten sind im Internet über http://dnb.d-
nb.de/ abrufbar.

Impressum:

Copyright © 2014 GRIN Verlag, Open Publishing GmbH
Druck und Bindung: Books on Demand GmbH, Norderstedt Germany
ISBN: 978-3-656-66083-5

Dieses Buch bei GRIN:

http://www.grin.com/de/e-book/273884/das-waffenrecht-in-den-usa

GRIN - Your knowledge has value

Der GRIN Verlag publiziert seit 1998 wissenschaftliche Arbeiten von Studenten, Hochschullehrern und anderen Akademikern als eBook und gedrucktes Buch. Die Verlagswebsite www.grin.com ist die ideale Plattform zur Veröffentlichung von Hausarbeiten, Abschlussarbeiten, wissenschaftlichen Aufsätzen, Dissertationen und Fachbüchern.

Besuchen Sie uns im Internet:

http://www.grin.com/

http://www.facebook.com/grincom

http://www.twitter.com/grin_com

Annette-von-Droste-Hülshoff-Gymnasium
Münster
Facharbeit: Sozialwissenschaften Grundkurs

Schuljahr 2013/14

Das Waffenrecht in den USA
Eine Darstellung und Bewertung der Argumente der Waffenlobby
sowie der aktuellen Situation

Felix Grünewald

Gliederung

1. Einleitung

14. Dezember 2012 in Newtown, Connecticut: Adam Lanza, Sohn einer Waffenbesitzerin, erschießt seine Mutter mit ihren eigenen Waffen, einem halbautomatischen Gewehr, welches diese legal erworben hatte um daraufhin an der Sandy-Hook-Grundschule zwanzig Kinder im Alter von 6-10 und sechs Lehrkräfte in nicht einmal 11 Minuten brutal zu ermorden und sich sich schließlich mit der eigenen Waffe das Leben zu nehmen. Hunderte Kinder und Lehrer stehen unter Schock, müssen psychologisch behandelt werden, viele Familien werden zerstört.[1]

Eine Woche später fordert die NRA, die Waffenlobby in den USA, lockerere Waffengesetze, bewaffnete Lehrer und Sicherheitskräfte an den Schulen.[2]

Vier Monate später lehnt der Senat eine minimale Verschärfung der nationalen Waffengesetze ab, darin enthalten Hintergrundchecks für Waffenkäufer und ein Verbot für Waffen mit großem Magazin.[3]

Doch aus welchem Grund werden in den USA selbst nach einem derartigen Ereignis keine grundlegenden Veränderungen im Waffengesetz vorgenommen? Wieso werden sogar noch mehr Waffen gefordert? Das werde ich versuchen, im Folgenden zu erläutern und zu beurteilen.

Ich habe dieses Thema gewählt, weil ich schockiert war über den Amoklauf von Newtown. Dieser war ja nicht etwa der erste in den letzten Jahren und deshalb verstand ich nicht, wieso sich dennoch so wenig an den Waffengesetzen änderte. Also habe ich zunächst die aktuelle Gesetzeslage betrachtet, die Verfassung der USA und die Regelungen der verschiedenen Bundesstaaten. Daraufhin schaute ich mir die Diskussion an, Interviews und Studien der Waffenlobby, um die Argumente darstellen und später bewerten zu können. Mein Ziel war es, zu zeigen, ob diese tatsächlich schlüssig sind und zu erklären, warum man in der Diskussion um die Waffengesetze noch immer nicht zu einer Lösung kommen konnte.

2. Geschichte der Waffengesetze und des Waffenbesitzes in den USA

Um das Verhältnis vieler Amerikaner zu Waffen und die derzeitigen Waffengesetze zu verstehen, ist es wichtig, einen Blick auf die Vergangenheit der Vereinigten Staaten zu werfen. Als die ersten Pioniere nach Amerika kamen, war dort verständlicherweise kaum Zivilisation im europäischen Sinne vorzufinden. Abgesehen von den Ureinwohnern Amerikas war der Kontinent unbesiedelt und wild, die Auswanderer hatten sich vor vielen Gefahren zu schützen und so war es üblich, eine Waffe zu besitzen. Dies hielt sich bis ins 18. Jahrhundert, die Zeit des Unabhängigkeitskonfliktes mit der britischen Krone. Im Gegensatz zu den Engländern besaß man in Amerika keine große, einheitliche und gut ausgebildete Armee, durch den

---

[1] Abschlussbericht Newtown: http://www.ct.gov/csao/lib/csao/Sandy_Hook_Final_Report.pdf
[2] „Mit noch mehr Waffen gegen Waffen": http://www.tagesschau.de/ausland/uswaffenrecht106.html
[3] „US-Senat lehnt schärferes Waffengesetz ab":
http://www.tagesschau.de/ausland/waffengesetz106.html

weit verbreiteten Waffenbesitz konnte man dem Gegner aber dennoch etwas entgegenhalten und so wurde der Krieg durch eine Vielzahl kleiner Privatarmeen gewonnen. In dieser Zeit entstand auch der zweite Zusatzartikel der Verfassung, zu dem ich später noch etwas schreiben werde. Waffen waren also noch immer weit verbreitet und das hielt sich bis in die Zeit des Wilden Westen und später der „Great Depression", der großen Wirtschaftskrise in den 1930er Jahren. Da in dieser Zeit viele Menschen an der Armutsgrenze lebten, waren Waffen hier eine der wenigen Möglichkeiten, günstig Nahrung zu beschaffen. Man sieht also, dass Waffen schon immer zur amerikanischen Bevölkerung gehörten und aus der Erfahrung, sich gegen Feinde verteidigen zu müssen, seien es wilde Tiere oder die englischen Besatzungsmächte, entwickelte sich das Bild, das vielen Amerikanern noch immer fest im Kopf verankert ist, nämlich das man, um sich vor den überall lauernden Gefahren, seien sie real oder nicht, schützen muss und hierfür eine Waffe benötigt wird.[4]

3. Statistiken

Zwischen dem Massaker in Newtown am 14. Dezember 2012 und Sylvester 2013 sind in den USA 12.042 Personen durch Schusswaffen ums Leben gekommen, das entspricht ungefähr 31 Opfern pro Tag. Hierbei handelt es sich um Selbstmorde, Unfälle und Morde, über die in den Medien berichtet wurden, die tatsächliche Zahl könnte durch nicht registrierte Tode also noch deutlich höher sein.[5] Pro Jahr werden in den USA 3,2 von 100.000 Personen durch Schusswaffen umgebracht, damit liegen sie im Vergleich zu anderen Industrienationen deutlich vorne (zum Vergleich: die Quote in Deutschland beträgt 0,4/100.000).[6]
In den USA sind schätzungsweise 270 Millionen Schusswaffen im Umlauf, das bedeutet auf 100 Einwohner kommen ungefähr 89 Waffen. Damit liegt die USA laut der Small Arms Studie von 2007 weltweit mit Abstand auf dem ersten Platz, vor Jemen mit einer Waffenquote von ungefähr 55%. In Deutschland liegt diese Quote bei 30%.[7]

Die amerikanische Waffenindustrie macht jährlich knapp 6 Milliarden Dollar Umsatz mit ungefähr 3 Millionen produzierten Waffen, von denen nur 10% ins Ausland exportiert werden. Nachdem Obama 2008 die Wahl gewinnen konnte, ist die Angestelltenzahl in der Waffenindustrie Amerikas um gute 30% gestiegen. Experten vermuten, dass dieses Wachstum mit der Befürchtung einiger Amerikaner zusammenhängt, Obama könne strengere Waffengeset-

---

[4] „Warum die Amerikaner ihre Waffen so lieben": http://www.zeit.de/politik/ausland/2012-07/USA-waffen
[5] „Gun deaths since Newtown":
http://www.slate.com/articles/news_and_politics/crime/2012/12/gun_death_tally_every_american_gun
_death_since_newtown_sandy_hook_shooting.html
[6] „Guns in numbers": http://www.bbc.com/news/world-us-canada-20759139
[7] „Small arms survey": http://www.smallarmssurvey.org/

ze einführen. Viele hätten deshalb noch schnell Waffen gekauft, bevor es ihnen nicht mehr möglich gewesen wäre.[8]

4. Die heutigen Waffengesetze und Änderungen der letzten Jahre

Seit den Unabhängigkeitskämpfen gegen Großbritannien und der zu dieser Zeit entstandenen amerikanischen Verfassung ist der Besitz von Waffen in dieser geregelt, wörtlich steht dort:

„A well regulated Militia, being necessary to the security of a free State, the right of the people to keep and bear Arms, shall not be infringed."

Die offizielle Übersetzung dieses Paragraphen lautet:

„Da eine gut ausgebildete Miliz für die Sicherheit eines freien Staates erforderlich ist, darf das Recht des Volkes, Waffen zu besitzen und zu tragen, nicht beeinträchtigt werden."[9]

Dieser Paragraph ist allerdings die einzige Regelung bezüglich des Waffenbesitzes, die für alle 50 Bundesstaaten gilt. Denn das Waffenrecht unterliegt der Zuständigkeit der jeweiligen Regierungen dieser einzelnen Staaten. Und hier ist eine unglaubliche Vielfalt an Gesetzen vorzufinden, die in ihren Aussagen teilweise komplett verschieden sind, sich sogar widersprechen. So wurden nach dem Attentat in Newtown in einigen Staaten die Waffengesetze deutlich strenger, was allerdings einem Verbot oder einer strikten Regelung noch immer nicht nahe kommt.

In Connecticut beispielsweise, dem Bundesstaat, in dem sich Newtown befindet, wurden nach der Tragödie einige Sturmgewehrtypen, sowie Waffen, die über Magazine mit einer Kapazität von über 10 Schuss verfügen, verboten. Jeder Waffenkäufer wird auf geistige und körperliche Gesundheit sowie kriminelle Vergangenheit geprüft und vor dem Erhalt einer Waffe muss der Käufer eine zehn Tage lange Karenzzeit abwarten. Mit diesen Regelungen gehört Connecticut allerdings zu den Staaten mit den mit Abstand strengsten Waffengesetzen der USA.

So erlauben 35 der 50 Bundessaaten ihren Bürgern, ihre Waffen in der Öffentlichkeit zu tragen, sofern diese nicht verdeckt werden. Alaska, Arizona, Wyoming und Vermont erlauben sogar ein verdecktes Tragen von Waffen, wozu man allerdings erwähnen muss, dass diese drei Staaten zu den bevölkerungsärmste der USA gehören. Aufgrund dem in der Verfassung verankerten Recht, eine Waffe zu besitzen, dürfen Arbeitgeber oftmals ihren Angestellten nicht verbieten, im Büro bewaffnet zu sein.

---

[8] „Verdienen im Namen der Freiheit": http://www.sueddeutsche.de/wirtschaft/waffenindustrie-in-usa-verdienen-im-namen-der-freiheit-1.1552614
[9] Amerikanische Verfassung, Zusatzartikel 2, offizielle deutsche Übersetzung: http://usa.usembassy.de/etexts/gov/gov-constitutiond.pdf

Die öffentliche Tötung ist in einigen Staaten, wie unter anderem Texas, legal, falls sich der Täter vom Opfer bedroht gefühlt oder das Grundstück des Schützen betreten haben sollte. Die Polizei hat in einem solchen Falle nicht das Recht, den Täter festzunehmen, wenn dies dennoch geschieht und dieser vor Gericht Recht bekommt, ist es ihm erlaubt, vom Staat Schadensersatz zu verlangen.

Auch beim Mindestalter für Waffenkäufer sind sich die Staaten keineswegs einig. Zwar liegt dieses in vielen Staaten bei 18 beziehungsweise 21 Jahren, allerdings bezieht sich dies nur auf den Erwerb bei einem lizensierten Händler. Bei nichtlizensierten Verkäufern, wozu auch Stände auf Waffenmessen gehören, ist es teilweise möglich, dass ein kleines Kind ein Sturmgewehr kaufen und besitzen darf, in New York beispielsweise liegt das Mindestalter für den Besitz eines Gewehrs bei 16, in Montana gar bei 14 Jahren.[10]

Alles in allem kann man also sagen, dass bei den verschiedenen Waffengesetzen in den Vereinigten Staaten eine große Vielfalt herrscht. Einige Staaten diskutieren seit Jahre über verschärfte Regelungen, teilweise mit Erfolg, teilweise werden die Vorgaben allerdings sogar gelockert. Schon seit Jahren wird über neue landesweite Gesetze diskutiert, meistens wurden die jeweiligen Anträge allerdings vom Senat abgelehnt, wie beispielsweise erst kürzlich geschehen: Nach dem Amoklauf in Newtown im Dezember 2012 wurde von den Demokraten ein Gesetzesentwurf vorgelegt, durch den es landesweit Pflicht wurde, dass Waffenkäufer sich auszuweisen haben, bevor ihnen eine Waffe ausgehändigt wird, ein sogenannter „Backgroundcheck". Das sollte bezwecken, dass es Kriminellen und psychisch Kranken nicht mehr möglich wäre, an Schusswaffen zu gelangen. Ursprünglich wäre der Antrag noch deutlich umfangreicher gewesen, doch wurde beispielsweise ein landesweites Verbot verschiedener Sturmgewehrtypen, wie demjenigen, dass in Newtown verwendet wurde, bereits vor der Abstimmung aus entfernt, obwohl laut einiger Umfragen 90% der Bevölkerung die vorgeschlagenen Maßnahmen guthießen, teils sogar glaubte, dass beispielsweise der „Backgroundcheck" bereits Pflicht sei.[11]

Diese Niederlage der Demokraten kommt durch ihre klare Minderheit im Repräsentantenhaus der USA zustande (201 Sitze für die Demokraten, 234 für die Republikaner), allerdings hatte der Antrag auch fraktionsintern keine klare Mehrheit gefunden. Doch wie ist es möglich, dass nicht einmal die Demokraten gemeinsam für den Vorschlag aus den eigenen Reihen stimmten? Und was sind die Begründungen der Gegner eines solchen Gesetzes, auch nach derartigen Ereignissen wie in Newtown ein strengeres Waffenrecht abzulehnen?[12]

---

[10] „The six craziest state gun laws":
http://www.washingtonpost.com/blogs/wonkblog/wp/2012/12/16/the-6-craziest-state-gun-laws/
[11] „Ein Sieg für die Waffenlobby": http://www.tagesschau.de/ausland/waffengesetz106.html
[12] „Election results": http://elections.huffingtonpost.com/2012/results/house

5. Die Waffenlobby und ihre Argumente

Traditionell sind die Republikaner die größten Gegner strikterer Vorschriften. Die meisten ihrer Abgeordneten kommen aus dem Süden und mittleren Westen Amerikas, wo meist die lockersten Waffengesetze gelten und immer noch ein großer Teil der Bevölkerung auf sein Recht pocht, eine Waffe zu besitzen. Einige ihrer Argumente für Waffenbesitz für die gesamte Bevölkerung tauchen bei allen Diskussionen auf.[13]

5.1 Die NRA (National Rifle Association)

Die NRA ist eine 1887 gegründete Organisation, die sich seit Jahren für die Interessen der Waffenbefürworter einsetzt. Ursprünglich stellte ein Verband für Sportschützen dar, hat sie sich mittlerweile jedoch zu einer Lobby für die Waffenindustrie und Waffenliebhaber entwickelt. So wurde von ihr beispielsweise ein System entwickelt, in dem Politiker anhand ihrer Einstellung zu Waffen bewertet werden. Wer eine schlechte Note erhält, so fordert die NRA ihre Mitglieder auf, soll möglichst nicht gewählt werden. Auch kann man oftmals Reden von hochrangigen NRA-Mitgliedern kurz nach Amokläufen oder ähnlichen Ereignissen hören, in denen versucht wird, die Bevölkerung davon zu überzeugen, dass ein Waffenverbot nicht sinnvoll wäre, so auch 2012 nach der Katastrophe von Newtown.[14]

Die NRA besitzt ungefähr 4,2 Millionen Mitglieder, denen diverse Kurse angeboten werden, in denen man den Umgang mit Waffen erlernen kann. Auch Kinder können hier zum ersten Mal eine Waffe testen. Die Organisation publiziert eigene TV- und Internetshows, in denen Profis bei der Jagd oder anderen Aktivitäten im Zusammenhang mit Waffen gezeigt werden.

Auf ihrer Internetseite bietet sie Hilfen für die Auswahl der perfekten Waffe für die jeweiligen Zwecke an und sie gibt jährlich viele Millionen Dollar aus, um Kampagnen zu finanzieren, die sich für mehr Waffen und gegen Waffengesetze einsetzen.

5.2 Die Verfassung

Wie bereits oben erwähnt, wird im zweiten Zusatzartikel der amerikanischen Verfassung jedem Bürger das Recht zugeschrieben, eine Waffe zu besitzen. Mit diesem Paragraphen werden viele Gesetzesentwürfe, die striktere Waffenvorschriften vorschreiben, geblockt, da eine solche Regelung der Verfassung widerspräche und die Freiheit des amerikanischen Bürgers einschränken würde.[15]

---

[13] siehe 12
[14] „Mit noch mehr Waffen gegen Waffen": http://www.tagesschau.de/ausland/uswaffenrecht106.html
[15] „Guns in the US":
http://www.bbc.co.uk/worldservice/people/features/ihavearightto/four_b/casestudy_art29.shtml
„Verfassung garantiert das Recht auf Waffenbesitz": http://www.zeit.de/politik/ausland/2012-07/USA-waffen/seite-2

5.3 Gegen Waffen helfen nur noch mehr Waffen

„The only thing to stop a bad guy with a gun is good guy with a gun." sagte Wayne LaPierre, Vizepräsident der NRA, in seiner Rede nach dem Amoklauf von Newtown und brachte damit eines der stärksten Argumente der Waffenbefürworter zum Ausdruck. Möglichst jeder amerikanische Bürger sollte eine Waffe besitzen und bestenfalls immer bei sich tragen. Durch einen derart weit verbreiteten Waffenbesitz sei die Bevölkerung besser geschützt vor Gewalttaten, da bei einer solchen zu jedem Zeitpunkt eine bewaffnete Person, ein „good guy", in unmittelbarer Reichweite sei, um einzugreifen und den Täter zu stoppen. Amokläufe und dergleichen, so die NRA, würden auf diese Weise verhindert werden, da spätestens nach dem ersten Schuss eine bewaffnete Person eingreifen und den potenziellen Amokläufer stoppen könne, unter Umständen sogar gewaltlos. Es gäbe statt einem Dutzend Opfern vielleicht nur zwei.[16]

Gleichzeitig hätte eine bewaffnete Zivilbevölkerung die Folge, dass die Anzahl an Mordversuchen drastisch sinken würde. Die Täter müssten überall mit Gegenwehr rechnen, eine Gewalttat wäre mit deutlich mehr Risiko verbunden, selber Schaden zu nehmen, also schreckten viele vor einer solchen zurück.

Deshalb, so die Forderung LaPierres nach den Vorfällen in Newtown, sei es nun notwendig, auch an Schulen den Lehrern das Tragen von Waffen zu erlauben und vorzuschreiben und im wenn möglich Sicherheitspersonal einzustellen, um solche Geschehnisse in Zukunft zu verhindern.[17]

Belegt werden diese Argumente beispielsweise durch John R. Lotts Studie aus dem Jahr 1998 mit dem Titel „more guns, less crime". Der Autor will in dieser Untersuchung anhand einiger Statistiken beweisen, dass eine weite Verbreitung von Schusswaffen keineswegs eine hohe Mordrate bedeuten muss, sondern teilweise das Gegenteil bewirken könne. So habe New York, einer der Staaten mit den strengsten Waffengesetzen und einer vergleichsweise niedrigen Waffenquote (11% der erwachsenen Bürger) eine der höchsten Mordraten der Vereinigten Staaten (0,7 Morde pro 100.000 Einwohner und Jahr), wohingegen in Vermont, einem Staat, der kaum Regulierungen besitzt, was den Waffenkauf und -besitz betrifft (in dem man zum Beispiel bereits mit 16 legal eine Waffe erwerben kann), lediglich 0,7 Morde pro Jahr und 100.000 Einwohner registriert wird.[18] Weiterhin besagt die Studie, belegt durch die FBI-Statistiken der vergangenen Jahre, dass, begleitet von einem immer weiter steigenden Waffenbesitz, die Kriminalitätsrate innerhalb der letzten 42 Jahre stetig zurückgegangen sei.[19]

---

[17] „Only a good guy with a gun can stop school shootings": http://www.npr.org/blogs/thetwo-way/2012/12/21/167785169/live-blog-nra-news-conference
[17] Bericht von der NRA-Pressekonferenz:
http://www.thespec.com/news-story/2195224--the-only-things-that-stops-a-bad-guy-with-a-gun-is-a-good-guy-with-a-/
[18] Lott, John: More Guns, Less Crime: Understanding Crime and Gun Control Laws, Chicago 1998; siehe M1
[19] FBI-Statsitiken: http://www.fbi.gov/about-us/cjis/ucr/crime-in-the-u.s/

5.4 Nicht die Waffe tötet Menschen, sondern derjenige, der sie benutzt

Ein weiteres, einfaches Argument der Gegner eines Waffenverbotes ist, dass nicht die Waffen selber Schuld an einem mit ihnen verübten Mord seien, sondern vielmehr die Person, die diesen begehe. So ließe sich jemand, der eine Gewalttat plant, nicht davon abhalten, dass er keine Pistole für diese zur Verfügung hat, sondern würde stattdessen andere Mittel suchen, um an sein Ziel zu gelangen. Auch mit einem Messer könne man eine Person ums Leben bringen.[20]

Wer sich also so oder so vornimmt, eine kriminelle Tat zu begehen, wird laut den Gegnern von Waffenverboten, nicht davor zurückschrecken, dass Waffenerwerb laut Gesetz nicht erlaubt ist. Stattdessen gebe es Wege, illegal an Waffen zu kommen, oder die Möglichkeit, andere Gegenstände für seine Tat zu verwenden.[21] Als Beispiel wird hier Großbritannien angeführt, das 1997 ein beinahe totales Verbot jeglicher Schusswaffen in der Zivilbevölkerung eingeführt hat. Dennoch ist die Rate von gewaltsamen Übergriffen dort um ein Vielfaches höher als die der USA (jährlich ~2000 Übergriffe zu ~450 in den USA).[22]

So würde alles in allem ein Verbot von Feuerwaffen keineswegs Kriminelle daran hindern, an Waffen zu gelangen, sondern nur der rechtschaffenen Bevölkerung schaden. Diese hätte keine Möglichkeiten mehr, sich gegen Gewalttäter zu schützen (siehe vorheriger Abschnitt) und würde gleichzeitig daran gehindert, Schießen als gewöhnlichen Sport zu treiben.

5.5 Schießen als Sport, Freiheit der Bevölkerung

Schießsport hat in Amerika eine lange Tradition.[23] Viele Familien besuchen am Wochenende mit den Kindern[24] einen Schießstand, um zum Zeitvertreib den Umgang mit Waffen zu lernen, einige Waffenhersteller bieten gar spezielle Kinderwaffen an, in kindgerechter Größe und Farbe.[25] Und auch das Jagen ist sehr beliebt in Amerika, im Gegensatz zu Deutschland ist es dort in vielen Teilen des Landes auch für nicht ausgebildete Personen als Freizeitbeschäftigung erlaubt. Ein Verbot von Schusswaffen würde daher für viele den Verlust eines Hobbys bedeuten. Wie im vorigen Abschnitt erläutert, würde man also laut dieser Argumentation nicht den Kriminellen, sondern der Zivilbevölkerung schaden.

Amerika gilt seit langer Zeit als Land der Freiheit und der unbegrenzten Möglichkeiten. Für viele Amerikaner würde jegliche Einschränkung ihres Rechts Waffen zu besitzen, eine Ein-

---

[20] Definition des Spruches:
http://www.urbandictionary.com/define.php?term=guns%20don%27t%20kill%20people%2C%20peopl
e%20kill%20people
[21] Interview mit John Lott, 1998: http://www.press.uchicago.edu/Misc/Chicago/493636.html
[22] UK is violent crime capital of Europe": http://www.telegraph.co.uk/news/uknews/law-and-
order/5712573/UK-is-violent-crime-capital-of-Europe.html
[23] „Vernarrt in die Freiheit": http://www.n-tv.de/politik/Vernarrt-in-die-Freiheit-article9804666.html
[24] „Üben auf einem Schießstand in den USA":
http://www.rnz.de/gesellschaft/00_20140206100100_110625057-
Das_ist_Freiheit___Aeben_auf_einem_Schiessstan.html
[25] „My first rifle": http://www.crickett.com

schränkung ihrer persönlichen Freiheit und Rechte bedeuten, der Staat würde sich in ihren Augen zu sehr in ihr Privatleben einmischen.

5.6 Medien als Auslöser der Gewalt

Wayne LaPierre klagte in selner Rede zu den Ereignissen von Newtown über die heutigen Medien, wie beispielsweise die Filme aus Hollywood oder verschiedenste Videospiele, aber auch über Zeitungen und Fernsehen. Durch die viele Gewalt, die täglich in diesen zu sehen sei, würden Kinder und Jugendliche dazu ermutigt, ebenfalls gewalttätig zu werden. Ein Kind in den USA bekäme durchschnittlich 16.000 Morde in Fernsehen und anderen Medien zu sehen, bevor es ein Alter von 18 erreicht hat.[26]
So gingen mit einem Vorfall im August 2013 heftige Kritik seitens der NRA an die Medien ein. Ein achtjähriger Junge aus Louisiana erschoss seine Großmutter, nachdem er das Videospiel „Grand Theft Auto 4" gespielt hatte. Das Kind sei, so die Organisation, durch das Spiel dazu ermutigt worden, die Tat zu begehen.[27]

6. Beurteilung

Nach der Darstellung der Argumentation der Waffenbefürworter stellt sich die Frage, wie begründet alle diese Argumente und wie angebracht die vorgeschlagenen Methoden für ein sichereres Amerika tatsächlich sind. Bei genauerem Betrachten dieser fallen nämlich diverse Ungereimtheiten und Widersprüche auf.

6.1 Der zweite Zusatzartikel der Verfassung - heute noch aktuell?

„Da eine gut ausgebildete Miliz für die Sicherheit eines freien Staates erforderlich ist, darf das Recht des Volkes, Waffen zu besitzen und zu tragen, nicht beeinträchtigt werden."
Dieser Satz steht, wie oben bereits erläutert im zweiten Zusatzartikel der amerikanischen Verfassung. Laut verschiedenster Gerichtsverfahren schreibt er jedem Bürger der USA das Recht zu, privat Waffen zu besitzen und verbietet außerdem der Regierung, ihnen dieses Recht streitig zu machen.[28]
Wenn man sich allerdings die Zeit anschaut, in der besagter Paragraph entstanden ist, nämlich 1791, kurz nachdem man sich in Amerika von England unabhängig erklärt hatte, muss man überdenken, wie aktuell er heute noch ist. Unmittelbar nach Ende der Unabhängigkeitskriege setzten sich einige der gebildetsten Personen des damaligen Amerikas zusammen,

---

[26] „Kritik an Hollywood und Medienindustrie":
http://www.tagesschau.de/ausland/uswaffenrecht106.html
[27] „Boy shoots Grandmother": http://www.mirror.co.uk/news/world-news/boy-8-shoots-grandmother-dead-2223955
[28] Beispielsweise „District of Columbia vs. Heller" (2008):
http://www.supremecourt.gov/opinions/07pdf/07-290.pdf

um eine Verfassung für den neu entstehenden Staat auszuarbeiten. Man überlegte, wie es möglich sei, eine erneute Tyrannei wie die der Engländer zu vermeiden und kam zu dem Schluss, dass ein angebrachtes Mittel für diesen Zweck eine bewaffnete Zivilbevölkerung sei. Durch diese hatte man schließlich die nötige Kampfkraft besessen, um die eigene Unabhängigkeit von den Briten zu erlangen.[29] Heute allerdings sind die Verhältnisse, in denen Amerika sich befindet, komplett andere als noch vor 220 Jahren. Der Staat ist keineswegs gefährdet, sich zu einer Diktatur zu entwickeln oder von anderen Staaten erobert zu werden und somit ist die Notwendigkeit einer stark bewaffneten Zivilbevölkerung nicht vorhanden. Des Weiteren ist nicht eindeutig zu sagen, ob im unwahrscheinlichen Falle einer Unterdrückung der amerikanischen Bürger durch die eigene oder eine fremde Regierung ein Krieg wie im 18. Jahrhundert die beste Lösung wäre.

6.2 More guns, less crime?

Zunächst einmal erscheint dieses Argument schlüssig: Eine Person, die mit der Pistole in der Öffentlichkeit Gewalt ausübt, kann am ehesten von anderen bewaffneten Personen ausgeschaltet werden. Doch die Frage ist, wie dies in der Praxis tatsächlich aussehen würde. So besitzt nicht jede Person die Zivilcourage, um in einer derartigen Situation einzugreifen, insbesondere den Mut beziehungsweise den Willen, die Waffe auf den Täter zu richten und notfalls gar zu schießen. Für eine solche Aktion ist es des Weiteren unabdingbar, dass die eingreifende Person Erfahrung im Umgang mit Waffen besitzt, im besten Falle jahrelanges Training hinter sich hat. Andernfalls kann durch einen unerfahrenen und unsicheren Schützen unnötiger Schaden entstehen, der vielleicht hätte verhindert werden können. Möglich wären auch Missverständnisse, die ebenfalls durch die Ungeübtheit der Zivilbevölkerung mit derartigen Situationen entstehen könnten. Es muss nur eine Person die Geschehnisse falsch interpretieren und zur Waffe greifen, schon kann es zu einer Kettenreaktion kommen, Panik breitet sich in der unmittelbaren Umgebung aus und es entsteht erneut vermeidbarer Schaden.

Natürlich ist es vorstellbar, dass ein potenzieller Täter eher vor öffentlichen Gewalttaten und Verbrechen zurückschreckt, wenn ihm klar ist, dass er auf bewaffneten Widerstand treffen könnte. Dies würde allerdings höchstwahrscheinlich nur kleinere Delikte wie beispielsweise Taschendiebstahl, Handtaschenraub oder Vergleichbares betreffen, es ist allerdings zu bezweifeln, dass so die Anzahl an Amokläufen und Morden verringert werden kann. Eine Person, die sich zu einer solchen Tat entschließt, ist in den meisten Fällen psychisch labil, leidet

---

[29] „Die Geschichte der USA": http://www.bpb.de/internationales/amerika/usa/10590/eine-nation-entsteht?p=all

an Depressionen oder schweren Problemen mit ihrem Umfeld, wird also kaum aufgrund erwarteter Gegenwehr von ihrer Tat ablassen.[30]

Und auch wenn man die Studie näher betrachtet, die oft als Beleg für die angeführte These herbeigezogen wird, fallen Ungereimtheiten auf. So werden verschiedene Staaten verglichen, deren Situationen und Bedingungen tatsächlich aber nicht miteinander vergleichbar sind, wie in der zuvor von mir angeführten Gegenüberstellung von New York und Vermont, bei dem Vermont trotz einer höheren Waffenquote eine deutlich geringere Mordrate vorweisen kann. Betrachtet man aber die geografischen und demographischen Vorraussetzungen dieser beiden Staaten, fällt auf, das New York mit ungefähr 137 Personen pro Quadratkilometer eine deutlich höhere Bevölkerungsdichte als Vermont mit gerade einmal 27 Personen pro Quadratkilometer aufweist. Hinzu kommt, dass in New York ein Großteil der Bevölkerung in New York City wohnt, die Menschen hier also noch weitaus dichter aufeinander leben. Dies führt, wie auch die extreme Vielfalt an Herkünften und Religionen, die in New York vorzufinden ist, zu einem um ein Vielfaches größeren Konfliktpotenzial im „Big Apple" im Vergleich zu Vermont, aufgrund dessen die dortige geringe Mordquote an Gewicht verliert.[31]

Laut John R. Lott ist die in den vergangenen Jahren zurückgegangene Kriminalitätsrate auf den weiter verbreiteten Waffenbesitz zurückzuführen. Hierbei lässt er allerdings außen vor, dass auch die Sicherheitskontrollen und Überwachungsmaßnahmen durch den technischen Fortschritt verbessert werden konnten. Es ist also nicht zwingend belegt, dass diese Abnahme an Kriminalität in Verbindung mit der Zunahme an Waffen steht.

6.3 Waffen für Lehrer und Sicherheitspersonal an Schulen?

Im Verlauf seiner Rede bezüglich der Ereignisse von Newtown forderte Wayne LaPierre als Antwort auf besagten Amoklauf eine landesweite Bewaffnung von Lehrern und das Einstellen von Sicherheitsbeamten an Schulen. Doch ist das die richtige Lösung? Natürlich könnten die Lehrer, sofern sie zuvor gut ausgebildet wurden, mit einer Waffe eingreifen und einen Täter stoppen. Allerdings wird man keinen Lehrer neben seinen alltäglichen Aufgaben zum Top-Sicherheitsbeamten weiterbilden können und ein Eingreifen einer im Umgang mit Waffen ungeübten Person kann fatale Folgen haben. Also wäre es notwendig, Polizeibeamte oder Angestellte einer Sicherheitsfirma in den Schulen zu positionieren. Neben der Tatsache, dass dies viel Geld kosten und die Kapazitäten der Polizei stark dezimieren würde, obwohl diese dringend in anderen Bereichen gebraucht wird, kann es auch nicht die optimale Lösung sein, eine Grundschule wie die in Newtown durch schwer bewaffnete und gerüstete Sicherheitskräfte, die nötig wären, um tatsächlich einen Amokläufer mit Sturmgewehr oder einer ähnlichen Waffe aufzuhalten, zu überwachen und somit sechs- bis achtjährige Kinder täglich in unmittelbaren Kontakt mit Waffen zu bringen. Deutlich sinnvoller, als Gewalt mit

---

[30] „Bei Amokläufern liegt in der Hälfte der Fälle eine psychische Erkrankung vor. Das sagte der Vorsitzende des Berufsverbands Deutscher Nervenärzte Frank Bergmann." aus: http://www.rp-online.de/panorama/deutschland/hinterbliebene-konnten-abschied-nehmen-aid-1.2019768
[31] Zensus USA: http://www.census.gov

Gewalt zu begegnen, erscheint es, die Ursachen dieser zu erkennen und so frühzeitig handeln zu können und jeglichen Schaden zu vermeiden. So sollte man früh Eltern und Lehrer über Anzeichen von Depressionen und anderen psychischen Krankheiten informieren, damit diese frühzeitig erkannt werden können. Auch Kampagnen gegen Mobbing, das zur Zeit ein großes Problem an amerikanischen Schulen ist und sicherlich ein Grund für Teenager, depressiv zu werden und unter Umständen gewalttätige Gedanken zu entwickeln, würden in die richtige Richtung führen.[32]

6.4 Warum sollte es dem Mörder einfach gemacht werden?

Natürlich ist es im Endeffekt der Mensch, der zur Waffe greift und sich dazu entschließt, einen Mitmenschen zu töten. Und wenn er keine Pistole zur Verfügung stehen hat, wird er wohl auch versuchen, auf illegalen Wegen an diese heranzukommen oder sich andere Mittel suchen, um seinen Plan durchzuführen. Deshalb sollte man natürlich versuchen, die Lösung des Problems beim Menschen zu suchen. Über den Schwarzmarkt an Waffen zu kommen, ist mit deutlich mehr Aufwand verbunden und höchstwahrscheinlich teurer, würde also einigen Personen nicht möglich sein. Und wenn man aus diesem Grunde zu anderen Mitteln greift, um an sein Ziel zu kommen, ist es unwahrscheinlich, dass diese so verheerende Folgen haben könnten, wie eine Pistole oder andere Feuerwaffen. Mit einem Messer ist deutlich komplizierter, jemanden zu töten ohne selber dabei Schaden zu nehmen. Im Gegensatz zu einer Pistole, mit der man aus mehreren Metern Entfernung einen tödlichen Treffer landen kann, ist es bei einer Nahkampfwaffe, wie es der Name schon sagt, unabdingbar, in unmittelbarer Nähe seines Opfers zu stehen, somit erhöht sich das Risiko, frühzeitig entdeckt zu werden und auf Gegenwehr zu stoßen.[33]

Auch der Vergleich mit Großbritannien ist unzulänglich, die Unterschiede zwischen den Ländern sind zu gravierend, um diesen anzuführen. So beträgt die Bevölkerungsdichte Großbritanniens, betrachtet man die gesamte Nation, ungefähr das Achtfache der der USA (33 Einwohner/km^2 in den USA zu 260/km^2 in Großbritannien[34]), die Quote der Gewalttaten allerdings nur ungefähr ein Vierfaches, das heißt bei einem deutlich höheren Konfliktpotenzial fällt die tatsächlich entstehende Gewalt keineswegs viel höher aus. Wenn man nun ebenfalls noch die Mordrate durch Schusswaffen betrachtet, erkennt man hier, dass die USA mit 3,2 Vorfällen pro 100.000 Einwohnern deutlich vor den Engländern liegen, wo nicht einmal 0,1 Morde auf die gleiche Anzahl an Personen gezählt werden. Das beweist, dass mit deutlich

---

[32] „Mobbing könnte zwei 14-jährige in den Selbstmord getrieben haben":
http://www.spiegel.de/panorama/gesellschaft/usa-mobbing-koennte-zwei-14-jaehrige-in-selbstmord-getrieben-haben-a-758720.html
[33] vgl. „Guns don't kill pepople, people kill people, so keep dangerous people away from guns":
http://www.slate.com/articles/health_and_science/human_nature/2013/01/guns_don_t_kill_people_pe
ople_kill_people_so_keep_dangerous_people_away.html
[34] Zensus Großbritannien: http://unstats.un.org/unsd/demographic/products/dyb/DYB2012/Table03.pdf
Zensus USA: http://www.census.gov

strengeren Waffengesetzen auch die Gewalt verringert werden kann und Kriminelle keineswegs weiterhin ungehindert an Waffen gelangen.

6.5 Sport als Rechtfertigung privaten Waffenbesitzes?

Schießen als Freizeitbeschäftigung, sei es am Schießstand oder gar als Jäger, sofern hierbei nicht sinnlos Tiere abgeschlachtet werden, ist zuallererst zu respektieren. Allerdings sollte für das Ausführen eines solchen Sports ein ausführliches Training inklusive diverser Prüfungen Vorraussetzung sein. Andernfalls wird mit derartigen Hobbys die eigene Gesundheit und die der Mitmenschen stark gefährdet, wie zahlreiche Beispiele aus den Staaten zeigen, in denen Hobbyschützen umstehende Personen oder gar sich selbst verletzten beziehungsweise töteten. Auch der Privatbesitz von Waffen sollte, unabhängig vom Hobby des Betroffenen, strikt verboten werden. Zu groß ist andernfalls das Risiko, dass kleine Kinder Zugang zu Waffen haben und es so zu den schlimmen Unfällen im Haushalt kommt, die Amerika schon oft erleben musste.[35]

6.6 Medien als Sündenbock?

Filme aus Hollywood, Videospiele und das Fernsehen seien Schuld an Ereignissen wie diesem, sagte Wayne LaPierre nach dem Amoklauf von Newtown und forderte strengere Regulierungen und Verbote für Filme und dergleichen, wenn in diesen Waffengewalt und andere kriminelle Taten dargestellt werden. Doch kann man das Problem wirklich in diesen Bereichen ausmachen? Natürlich bekommen Kinder zuviel Gewalt zu sehen, wenn sie fernsehen, im Internet surfen, Computer spielen oder nur Zeitung lesen und natürlich kann sich das negativ auf die Psyche eines kleinen Kindes auswirken. Aber Amerika ist nicht der einzige Ort der Welt, in denen man Zugriff auf diese Medien besitzt, dennoch liegt hier die Schusswaffenmordrate im Vergleich zu anderen Industrienationen mit weitem Abstand vorne.[36] Die Kinder bekommen hier tagtäglich Waffen zu sehen, lernen mit ihren Eltern, sie zu bedienen und auf bewegliche Ziele zu schießen, es werden Kurse und spezielle Kinderwaffen angeboten, auch seitens der NRA und sie sind auch zu Hause immer im unmittelbaren Kontakt zu Schusswaffen. Kinder sind prinzipiell neugierig, das wird nicht durch Filme und Spiele ausgelöst, bestenfalls verstärkt. Wenn ein kleines Kind also eine Waffe in die Hände bekommt, dann möchte es sie ausprobieren, will wissen, wie sie funktioniert und dadurch entstehen Unfälle. So auch im zuvor beschriebenen Fall aus Louisiana im August 2013, als ein kleines Kind mit der Waffe seiner Großmutter, welche er in der Wohnung dieser offen herumliegend findet, seine Oma erschießt, nachdem er „Grand Theft Auto" gespielt hatte. Wenn dieses Kind gar nicht erst Zugang zu der Waffe erhalten hätte, wäre es auch nicht zu dieser Tat ge-

---

[35] „Five firearm deaths in firearm-friendly environments":
http://www.crimelibrary.com/blog/article/death-at-the-gun-range-five-firearm-deaths-in-firearm-friendly-environments/index.html
[36] „Guns in numbers": http://www.bbc.com/news/world-us-canada-20759139, siehe M2

kommen, unabhängig von dem, was es zuvor gesehen oder gespielt hat. Des weiteren ist besagtes Spiel laut Gesetz erst ab 18 Jahren freigegeben, Minderjährigen ist es nicht möglich, an die CD zu gelangen, es sei denn, die Eltern erwerben diese, ähnliche Regelungen gibt es auch für Filme. Schlussendlich haben die Eltern also größtenteils die Kontrolle über die Medien, die ihre Kinder zu sehen bekommen und ebenso, welchen Zugang zu Waffen ihr Nachwuchs erhält. Letzteres ist aber der deutlich gewichtigere Aspekt, bei dem auch der Staat eingreifen sollte, denn ohne Waffe kann ein Kind niemanden töten, unabhängig vom Einfluss durch die Medien, den es erlebt.[37]

6.7 Die Methoden der NRA

Auf ihrer Internetseite bietet die NRA ein System an, in dem eine Art Zeugnis für jeden Politiker eingesehen werden kann, in welchem die Einstellung zu und der Einsatz für Waffen bewertet werden.[38] Es werden die Noten 1-5 verteilt, wobei eine 5 eine klare Empfehlung für Waffenbefürworter ist, diese Person nicht zu wählen, während eine 1 mit einem grünen NRA-Logo und der Empfehlung, dass dieser Poltiker möglichst gewählt werden soll, ausgezeichnet. Die NRA behauptet, über dieses System Wahlen entscheiden zu können und will so Politiker beeinflussen, sich für lockerere Waffengesetze einzusetzen, um keine Stimmen zu verlieren. Das System an sich lässt sich so erst einmal nicht verbieten, es unterscheidet sich zum Beispiel nicht grundsätzlich vom „Wahlomaten" in Deutschland, allerdings beschränkt auf weniger Aspekte.[39] Politiker aber, die sich von derartigen Mitteln beeinflussen lassen, sind auf jeden Fall kritisch zu betrachten. Ein Abgeordneter sollte, wie beispielsweise in der deutschen Verfassung festgelegt, nur nach seinem eigenen Gewissen oder der Meinung seines Wahlkreises handeln, sich aber keinesfalls nach Bewertungssystemen einer Organisation richten, aus Angst, andernfalls Stimmen zu verlieren.[40] Es ist allerdings auch fraglich, welche Macht besagtes Bewertungssystem heute noch besitzt. Wenn man bedenkt, dass sich aktuell ungefähr 50% der Amerikaner für strengere Waffengesetze aussprechen, kann eine schlechte Note durch die NRA für einige auch ein Grund sein, den betreffenden Politiker zu wählen.[41]

7. Fazit

Die Waffenlobby versucht, mit diversen, sich teils widersprechenden Argumenten, eine Einführung strengerer Waffengesetze zu verhindern. Hierbei werden aber - höchstwahrschein-

---

[37] Motion Picture Association of America: http://www.mpaa.org/
[38] „NRA grades & endorsements": https://www.nrapvf.org/grades-endorsements.aspx
[39] „Wahlomat": http://www.bpb.de/politik/wahlen/wahl-o-mat/
[40] vgl. Grundgesetz der Bundesrepublik Deutschland, Art 38, Absatz 1: „(Die Abgeordneten) sind Vertreter des ganzen Volkes, an Aufträge und Weisungen nicht gebunden und nur ihrem Gewissen unterworfen."
[41] Umfragen der Washington Post, zufällig ausgewählte Teilnehmer:
http://www.washingtonpost.com/wp-srv/politics/polls/postabcpoll_20121216.html

lich bewusst - essenzielle Aspekte außer Acht gelassen, die die Aussagekraft der Argumente stark schmälern. So werden Situationen verschiedener Staaten miteinander verglichen, obwohl diese offensichtlich völlig unterschiedliche geografische, demographische und soziale Vorraussetzungen vorweisen. Es werden zudem hauptsächlich Statistiken verwendet, die die eigenen Aussagen bekräftigen, andere werden außer Acht gelassen. Die eigenen Forderungen entsprechen nicht dem eigenen Handeln, so wird verlangt, Filme zu verbieten, in denen Kinder Gewalt und Waffen zu sehen bekommen (wobei nicht berücksichtigt wird, dass diese Filme laut Gesetz einer Altersbegrenzung unterliegen) und gleichzeitig bietet man Kurse an, um Kindern beizubringen, mit einer Waffe auf sich bewegende Ziele und lebensgroße Puppen zu schießen und bewirbt schließlich auch speziell für Kinder ausgearbeitete Waffen.

Auch stellt sich die Frage, aus welchem Grund gar ein Verbot militärischer Waffen abgelehnt wird. Um jagen zu gehen, den Schießstand zu besuchen oder auch, um sich gegen Kriminelle zu beschützen, ist es nicht notwendig, ein vollautomatisches Sturmgewehr mit mehreren hundert Schuss im Magazin zu besitzen. Es wird sich hier auf die Freiheit und den zweiten Verfassungssatz berufen, ein Paragraph, der über 200 Jahre alt ist und unter gänzlich anderen Bedingungen als heute entstand. Man muss sich fragen, wie viel einem die eigene Freiheit wert ist und wenn sie 20 kleinen Kindern das Leben kostet, sollte man überlegen, zumindest auf einen Teil dieser Freiheit zu verzichten. Die Freiheit der Bürger dürfte für viele Organisationen wie die NRA wohl auch nicht der einzige Grund sein, sich für ein lockeres Waffenrecht einzusetzen, bei einer Industrie, die jährlich viele Milliarden Dollar Umsatz generiert, spielen mit Sicherheit auch finanzielle Aspekte in dieser Debatte eine große Rolle.

Natürlich würde ein Waffenverbot nicht die endgültige Lösung darstellen, um Waffengewalt in den USA zu verdrängen. Es gibt noch viele andere Faktoren, die eine Rolle spielen und Menschen zu Mördern werden lassen. So müsste das Gesundheitssystem deutlich verbessert werden, um psychisch Kranken frühzeitig helfen zu können und mehr in den Kampf gegen Mobbing investiert werden. Doch die Einsicht, dass das Gewaltproblem der USA sehr komplex ist, kann kein Argument gegen striktere Waffengesetze sein, denn ohne Waffe fällt es auch der gewalttätigsten Person schwer, einen Mitmenschen zu töten.

8. Quellen- und Literaturverzeichnis

Literatur:

Grundgesetz für die Bundesrepublik Deutschland, Bonn 2011

Lott, John: More Guns, Less Crime: Understanding Crime and Gun Control Laws, Chicago 1998

Internetquellen:

Abschlussbericht Newtown: http://www.ct.gov/csao/lib/csao/Sandy_Hook_Final_Report.pdf, 19.03.2014

Amerikanische Verfassung, Zusatzartikel 2, offizielle deutsche Übersetzung: http://usa.usembassy.de/etexts/gov/gov-constitutiond.pdf, 19.01.2014

Aussage Vorsitzender Verband deutscher Nervenärzte: http://www.rp-online.de/panorama/deutschland/hinterbliebene-konnten-abschied-nehmen-aid-1.2019768, 10.03.2014

Bericht von der NRA-Pressekonferenz: http://www.thespec.com/news-story/2195224--the-only-things-that-stops-a-bad-guy-with-a-gun-is-a-good-guy-with-a-/, 20.02.2014

„Boy shoots Grandmother": http://www.mirror.co.uk/news/world-news/boy-8-shoots-grandmother-dead-2223955, 15.02.2014

Definition „Guns don't kill people, people kill people": http://www.urbandictionary.com/define.php?term=guns%20don%27t%20kill%20people%2C%20people%20kill%20people, 20.02.2014

„District of Columbia vs. Heller" (2008): http://www.supremecourt.gov/opinions/07pdf/07-290.pdf, 19.01.2014

„Die Geschichte der USA": http://www.bpb.de/internationales/amerika/usa/10590/eine-nation-entsteht?p=all, 19.01.2014

„Ein Sieg für die Waffenlobby": http://www.tagesschau.de/ausland/waffengesetz106.html, 20.02.2014

„Election results": http://elections.huffingtonpost.com/2012/results/house, 15.02.2014

FBI-Statistiken: http://www.fbi.gov/about-us/cjis/ucr/crime-in-the-u.s/, 20.02.2014

„Five firearm deaths in firearm-friendly environments": http://www.crimelibrary.com/blog/article/death-at-the-gun-range-five-firearm-deaths-in-firearm-friendly-environments/index.html, 10.03.2014

„Gun deaths since Newtown": http://www.slate.com/articles/news_and_politics/crime/2012/12/gun_death_tally_every_american_gun_death_since_newtown_sandy_hook_shooting.html, 20.02.2014

„Guns don't kill pepople, people kill people, so keep dangerous people away from guns":
http://www.slate.com/articles/health_and_science/human_nature/2013/01/guns_don_t_kill_p
eople_people_kill_people_so_keep_dangerous_people_away.html, 20.02.2014

„Guns in numbers": http://www.bbc.com/news/world-us-canada-20759139, 20.02.2014

„Guns in the US":
http://www.bbc.co.uk/worldservice/people/features/ihavearightto/four_b/casestudy_art29.sht
ml, 20.02.2014

Interview mit John Lott, 1998: http://www.press.uchicago.edu/Misc/Chicago/493636.html,
19.03.2014

„Mit noch mehr Waffen gegen Waffen":
http://www.tagesschau.de/ausland/uswaffenrecht106.html, 20.02.2014

„Mobbing könnte zwei 14-jährige in den Selbstmord getrieben haben":
http://www.spiegel.de/panorama/gesellschaft/usa-mobbing-koennte-zwei-14-jaehrige-in-
selbstmord-getrieben-haben-a-758720.html, 10.03.2014

Motion Picture Association of America: http://www.mpaa.org/,19.03.2014

„My first rifle": http://www.crickett.com, 19.01.2014

NRA: http://www.nra.org, 19.01.2014

„NRA grades & endorsements": https://www.nrapvf.org/grades-endorsements.aspx,
19.01.2014

„Only a good guy with a gun can stop school shootings": http://www.npr.org/blogs/thetwo-
way/2012/12/21/167785169/live-blog-nra-news-conference, 21.02.2014

„Small arms survey": http://www.smallarmssurvey.org/, 25.01.2014

„The six craziest state gun laws":
http://www.washingtonpost.com/blogs/wonkblog/wp/2012/12/16/the-6-craziest-state-gun-
laws/, 19.01.2014

„Üben auf einem Schießstand in den USA":
http://www.rnz.de/gesellschaft/00_20140206100100_110625057-
Das_ist_Freiheit___Aeben_auf_einem_Schiessstan.html, 19.03.2014

UK is violent crime capital of Europe": http://www.telegraph.co.uk/news/uknews/law-and-
order/5712573/UK-is-violent-crime-capital-of-Europe.html, 25.02.2014

Umfragen der Washington Post, zufällig ausgewählte Teilnehmer:
http://www.washingtonpost.com/wp-srv/politics/polls/postabcpoll_20121216.html, 10.03.2014

„US-Senat lehnt schärferes Waffengesetz ab":
http://www.tagesschau.de/ausland/waffengesetz106.html, 19.01.2014

„Verdienen im Namen der Freiheit": http://www.sueddeutsche.de/wirtschaft/waffenindustrie-
in-usa-verdienen-im-namen-der-freiheit-1.1552614, 25.01.2014

„Verfassung garantiert das Recht auf Waffenbesitz": http://www.zeit.de/politik/ausland/2012-
07/USA-waffen/seite-2, 25.01.2014

„Vernarrt in die Freiheit": http://www.n-tv.de/politik/Vernarrt-in-die-Freiheit-article9804666.html, 25.01.2014

„Wahlomat": http://www.bpb.de/politik/wahlen/wahl-o-mat/, 19.03.2014

„Warum die Amerikaner ihre Waffen so lieben": http://www.zeit.de/politik/ausland/2012-07/USA-waffen, 19.01.2014

Zensus Großbritannien:
http://unstats.un.org/unsd/demographic/products/dyb/DYB2012/Table03.pdf, 20.02.2014

Zensus USA: http://www.census.gov, 20.02.2014

9. Anhang

M1: „more guns, less crime" - Daten für die verschiedenen Bundesstaaten

Staat	Volljährige mit Schusswaffen	Morde pro 100.000 Einwohner
Texas	37 %	12,7
Vermont	35 %	0,7
Iowa	31 %	1,1
Kalifornien	21 %	12,7
New York	11 %	13,2

Quelle: http://www.fwr.de/statistik/fakten-zum-waffenbesitz/

M2: „Guns in numbers", BBC
Quelle: http://www.bbc.com/news/world-us-canada-20759139

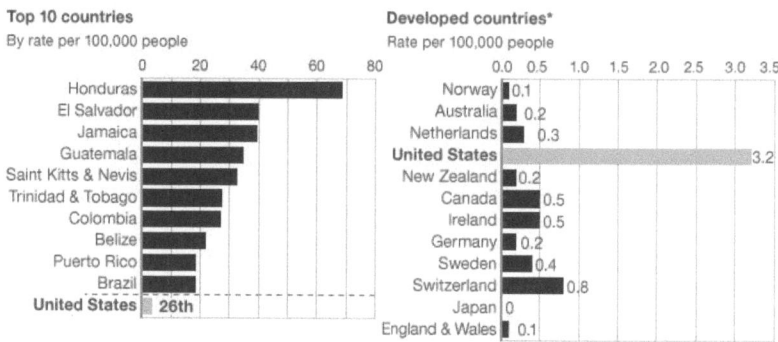